BEI GRIN MACHT SICH IHR WISSEN BEZAHLT

- Wir veröffentlichen Ihre Hausarbeit,
  Bachelor- und Masterarbeit

- Ihr eigenes eBook und Buch -
  weltweit in allen wichtigen Shops

- Verdienen Sie an jedem Verkauf

Jetzt bei www.GRIN.com hochladen
und kostenlos publizieren

Dominik Mönnighoff

Umweltpolitik in der Europäischen Union

GRIN Verlag

Bibliografische Information der Deutschen Nationalbibliothek:

Die Deutsche Bibliothek verzeichnet diese Publikation in der Deutschen National-
bibliografie; detaillierte bibliografische Daten sind im Internet über http://dnb.d-
nb.de/ abrufbar.

Impressum:

Copyright © 2013 GRIN Verlag GmbH
Druck und Bindung: Books on Demand GmbH, Norderstedt Germany
ISBN: 978-3-656-69547-9

Dieses Buch bei GRIN:

http://www.grin.com/de/e-book/276440/umweltpolitik-in-der-europaeischen-union

GRIN - Your knowledge has value

Der GRIN Verlag publiziert seit 1998 wissenschaftliche Arbeiten von Studenten, Hochschullehrern und anderen Akademikern als eBook und gedrucktes Buch. Die Verlagswebsite www.grin.com ist die ideale Plattform zur Veröffentlichung von Hausarbeiten, Abschlussarbeiten, wissenschaftlichen Aufsätzen, Dissertationen und Fachbüchern.

Besuchen Sie uns im Internet:

http://www.grin.com/

http://www.facebook.com/grincom

http://www.twitter.com/grin_com

Friedrich-Alexander-Universität Erlangen-Nürnberg
Institut für Politische Wissenschaft
Masterseminar: „Die Europäisierung des deutschen Regierungssystems"
WS 2012/2013
Referent: Dominik Mönnighoff   28.11.2012

Umweltpolitik in der Europäischen Union

Charlotte Halpern: Governing Despite its Instruments? Instrumentation in EU
Environmental Policy, in: West European Politics 33(1), 2010, S. 39-57.

Die Analyse der Ursprünge und der Entwicklung der europäischen Umweltpolitik zeigt, dass diese grundsätzlich durch ihre Instrumente strukturiert ist. Diese Dynamik resultiert jedoch nicht aus der Kapazität der EU-Institutionen und deren Versuch, innovative umweltpolitische Maßnahmen zu implementieren, sondern entspringt der Tendenz der Übernahme von Instrumenten aus anderen politischen Systemen, die umweltpolitische Maßnahmen legitimieren sollen. Häufig werden politische Instrumente auf nationaler Ebene implementiert, zum Beispiel durch die Einführung einer Öko-Steuer.

Die Umweltpolitik der europäischen Union ist charakterisiert durch eine hohe politische Aktivität und gilt als ein durchaus produktiver Bereich im Bezug auf den Ausstoß von politischen Instrumenten. Im Blickpunkt der Forschung steht insbesondere die Dynamik der Umweltpolitik als auch die Innovationen in diesem Politikbereich. Eine konstante Innovation stellt in diesem Sinne die Fähigkeit der Europäischen Union dar, die gegebenen Kompetenzen auch auf neue Probleme auszuweiten, sei es im Sinne des Klimaschutzes oder der Genforschung, wo eine Reihe neuer Aktivitäten durch die EU reguliert wird (sowohl öffentlich als auch privat und individuell als auch kollektiv).

Die Anfangsphase der europäischen Umweltpolitik ist geprägt durch die Einführung regulatorischer Instrumente, die sich am internationalen und nationalen Recht orientierten. Insbesondere übernahm man zehn Instrumentarien aus Deutschland, acht aus dem internationalen Recht. So wurden erste Richtlinien und Standards für die EU-Mitgliedsstaaten erlassen. Die Instrumentarien wurden in den letzten 30 Jahren immer facettenreicher, sodass die Instrumente nicht mehr nur regulativer oder legislativer Bedeutung sind. Darüberhinaus zielen die Instrumente auch darauf ab,

1

dass die Bevölkerung informiert wird und mehr Akteure in die Politikgestaltung miteinbezogen werden. Die Politik soll besondere Anreize bieten, sodass die Regularien auch eingehalten werden. Die Zahl der Gesetze nahm deutlich zu. 1987 wurde Umweltschutz erstmals mit einem eigenen Artikel in der Einheitlichen Europäischen Akte verankert, die Verträge von Maastricht (1992) und Amsterdam (1997) werteten den Umweltschutz zusätzlich auf. Inzwischen haben drei Viertel aller nationalen Umweltgesetze ihren Ursprung in der EU.

Es gibt eine ungewöhnlich hohe Zahl an umweltpolitischen Instrumenten. So sind seit den frühen 1970er Jahren 53 umweltpolitische Maßnahmen eingeführt worden. Betrachtet man die Evolution der umweltpolitischen Maßnahmen der Europäischen Union genauer, so wird deutlich, dass relativ viele Instrumente aus internationalem oder nationalem Recht (oder aus beidem) für die Europäische Union adaptiert wurden. Nur einige wenige Instrumente wurden von der EU selbst als Innovationen auf den Weg gebracht.

Die Autorin wirft in diesem Zusammenhang drei Fragen auf: Zum einen die Frage nach der Ausbreitung politischer Instrumentarien in die Europäische Union und dem Mechanismus der Durchdringung dieser Mechanismen in verschiedenen Sektoren und den Mitgliedsstaaten. Zum anderen muss die Europäische Union bei der Fülle der Instrumentarien diese mit bereits existierenden politischen Maßnahmen auf verschiedenen Ebenen kombinieren und wirksame Mechanismen zur Umsetzung schaffen. Und schließlich geht es um die Frage, inwiefern nationale Experimente dazu zwingen, Entscheidungen auf Europäischer Ebene durch neue Strukturen herbei zu führen.

Die Autorin stellt drei Hauptformen als Instrumente der europäischen Umweltpolitik fest. Erstens die gemeinsame Nutzung von auf Regularien basierenden Instrumenten und Standards im Bezug auf das Auftauchen und zur Institutionalisierung eines zweigestuften Systems von Akteuren und Interessen. Das zweite Instrument kombiniert die regulativen Instrumente mit Instrumenten aus dem Politikfeld der Wirtschaft ebenso wie mit Instrumenten der Information, der Anreize und der Verträge. Das dritte Instrumentarium, welches hauptsächlich Instrumente aus der Vertrags- und Informationspolitik nutzt, erlaubt es den europäischen Institutionen fortwährend neue Aktivitäten und Verhaltensweisen zu regulieren.

Als eines der innovativsten Instrumente wird das europäische Emissionshandelssystem genannt, welches das größte und fortschrittlichste System in der ganzen Welt angesehen wird. Dieses Instrumentarium brachte eine Vielzahl von Möglichkeiten für Mitgliedsstaaten und die Industrie, Entscheidungen mit zu beeinflussen und in das Gesetzgebungsverfahren mit eingebunden zu sein. Es besteht ein Zusammenhang zwischen politischen Instrumentarien und politischen Wandel. So haben die vorhandenen Instrumente langfristig strukturierenden Charakter und weichen von eigentlichen politischen Zielen ab. Somit beeinflussen sie auch Steuerungskapazität der EU-Institutionen. So kam es zu Einschnitten der Machtverhältnisse innerhalb dieses Politikfeldes. Die Instrumente tragen also dazu bei, Ressourcen und Kompetenzen neu zu verteilen. Zudem konnten die umweltpolitischen Instrumente das Bewusstsein für ein nachhaltiges, umweltschonendes Denken wecken und haben ein zweigestuftes System des europäischen Umweltmanagements hervorgebracht.

Die EU besitzt inzwischen ein umfassendes Umweltrechtssystem. Und der Umweltschutz wird ein immer wichtigeres Thema in der Europäischen Union. Insbesondere EU-Kommissionpräsident José Manuel Barroso verdeutlicht diesen Wandel. So bezeichnete er zu Beginn seiner Amtszeit die Wirtschaft als ein „krankes Kind", um welches man sich verstärkt kümmern müsse und somit seine anderen beiden „Kinder" (Umwelt und Soziales) vorerst hinten an stehen müssen. Doch auch ihn brachte die Klimadebatte zum Umdenken. Mittlerweile ist die EU-Kommission wieder ein wesentlicher Treiber der europäischen Umweltpolitik. Neben dem Klimaschutz nennt das sechste Umweltaktionsprogramm der EU den Schutz der Biodiversität, der natürlichen Ressourcen und der menschlichen Gesundheit als Prioritäten. Daneben gibt es eine Reihe weiterer laufender Gesetzgebungsprozesse. Doch ist das "europäische Modell" auch ein Beispiel für den Rest der Welt? So verbrauchen die Bürger der EU heute zweieinhalbmal so viele Ressourcen wie ihnen eigentlich zur Verfügung stünden, würde man jedem Menschen dieselben Mengen zugestehen. Und auch innerhalb der EU ist der Kampf gegen die Umweltzerstörung trotz vieler Fortschritte noch lange nicht gewonnen. So zählen der Gewässerschutz, die Abfallpolitik und weitere Themen, die bereits vor 30 Jahren aktuell waren, noch immer zu den dringlichsten Problemen.

Literatur:

Charlotte Halpern: Governing Despite its Instruments? Instrumentation in EU Environmental Policy, in: West European Politics 33(1), 2010, S. 39-57.